Die Gnadenwahl: Erzählung

Hans Arthur Thies

Alpha Editions

This edition published in 2022

ISBN : 9789356902961

Design and Setting By
Alpha Editions
www.alphaedis.com
Email - info@alphaedis.com

DIE GNADENWAHL
ERZÄHLUNG

Gegenüber dem Fenster, so tief in der Gasse, daß der Blick, es zu fassen, sich aufheben mußte, wurde von lautlosen, in der Dämmrung kaum sichtbaren Reitern ein weißes Blatt angeschlagen; die Reiter saßen auf; die Pferde flohen wie in stummem Entsetzen über ihren eigenen Weg die Straßenzeile hinab.

Das weiße Blatt, über eine Tafel geschlagen, die jahrelang mundtot das Publikum angestarrt hatte, warf von dem Strebepfeiler des Doms herrisch, selbstsicher, ansammelnd das Wort — Krieg! herab; viele andre dazu, aber dies vernehmlicher als die andern.

Dem Pfeiler gegenüber, oben am Fenster, hob sich der Blick eines Mannes über das weiße Blatt hin; atmend überholte seine ganze Gestalt den Blick; er drängte sich in den umdämmerten, einsamen Lichtstrahl ein; stachelte sich an ihm auf; warf sich zurück.

Als habe sich um die trocknen, wie entzündet brennenden Augen ein Schwarm Fliegen gesammelt, so empfand er es, daß um das weiße Blatt eine schwärzliche Menge Menschen zu wimmeln begann. Er drückte mehrmals schmerzlich die Lider zu und fuhr sich mit der Hand über die Stirn. Zu ihm, dem Doktor Christianus, würden diese Menschen kommen; satt, übersatt von jener weißen Speise würden sie heraufkommen: was sollte er ihnen geben? Er würde nach seinen Worten greifen, Worte leerer als Oblaten austeilen — selbst hungrig, überhungrig nach Sättigung von jenem Gericht, aus dem kolossische Laute, die Kehle ungewohnt füllend, aufquollen.

Eine heftige Gebärde des Mannes am Fenster schlug mit dem Klingen der unteren Türglocke zusammen. Er wandte sich um und wankte ein wenig zurück, von zwei Augen gefaßt, die ihn in der Tiefe des Zimmers auffingen. Er war erstaunt und leicht erschreckt: nur langsam gewann der dunkle Samt, der sich in die gleichmäßig dunkle Täflung der Wand einließ, von entblößten Armen her zu einem hellen Hals und Kopf mit blondem Scheitel und perlhellen Augen anwachsend, die Gestalt einer Frau. „Marie!" Es klang in seiner Stimme etwas, als sprängen hinter dem Bewußtsein, jahrelang diesen unbestimmt verlangenden Blicken widerstrebt zu haben, die leichten Tore des Abschieds auf, und wie nie, solange er den Umgang dieser Frau empfunden hatte, begann er jetzt, wo er entschlossen war, sie zu verlassen, ein Spiel mit ihr, lässig und gewagt: er stellte sich vor sie, nah und breit, wiegte die Schenkel leichthin, scherzte mit ihr: „Liebe —? Marie, was ist das? Aber das Ineinander der Leiber und Kugeln, Leiber und Bajonette, das ist

Einigung allen Ernstes, das ist ein Kräftevergeben verschwenderischer als Liebe: das geht bis ans Ende." Sie lächelte.

Von Geräuschen, die die Treppe heraufschäumten, hoben sich standhafte Schritte ab, betraten das hartschallende Holz des Flurs und kamen nahe.

„Guten Abend, Doktor! Morgen früh melde ich mich beim Regiment. Ihr andern? Ach, die Alten! Ich — wie froh bin ich, mich durch diese Nacht zu diesem Morgen hinwachen zu können!"

Der Jüngling, braune Locken von der schwitzenden Stirn schlagend, kreuzte seine Blicke mit denen des Älteren wie zum Gefecht; aber lächelnd entzogen, wandte sich Christianus zu Maria:

„Werde ich mich nicht auch melden?" Und zu dem braunlockigen Freunde, der knabenhaft aufleuchtete: „Hol die Lichter, Heinrich!"

Der Jüngling verließ die Stube, lachend, mit der Hand durchs Haar wirbelnd: „Ich habe ihn untergekriegt!" dachte er, „den Immerfertigen — ich habe ihn untergekriegt!"

Einige alte Männer traten ins Zimmer.

Der erste alte Mann verbeugte sich schwer vor Christianus und legte erschüttert seine breite Hand über den weißen Bart auf der Brust: Was der Doktor meine; ob man die Prüfung bestehen würde? — Gewiß würde man sie bestehen; jeder würde sein Teil tun. Die Erschütterung des alten Mannes schien zu wachsen.

Ein andrer trat heran. Er bewegte sich auf unentschlossenen Füßen zwischen dem Doktor und Maria, bis er in die Nähe der Frau verfiel und sich sogleich zu ein paar Worten faßte: „Wir werden doch hoffentlich, gnädige Frau, unsre Versammlungen auch während des Krieges fortsetzen, und ich meine, Sie werden das Haus, in dem Sie uns zusammenführten, als der Doktor seines Predigeramtes enthoben wurde, weiterhin unsrer kleinen Gemeinde zur Verfügung stellen, auch wenn der Doktor ins Feld ausziehen sollte." Es war der Mietherr des Hauses. Er wartete keine Antwort ab, sondern wandte sich einem Herrn zu, der sich am Türpfosten stieß.

„Ich bin heute wieder schlecht sichtbar," sagte der alte Herr und gab ein schluchzendes Gelächter von sich. Er rieb seine vom Star blinden Augen mit klagend gebreiteter Hand und trat rasch, fast fallend auf Maria zu, die einen Fuß zurückwich. „Welch ein Elend!" züngelte er, von einem Fehler behindert, „gnädige Frau können sich freuen, daß Ihr Gemahl tot ist," und zog sich im Gefühl, eine Dummheit gesagt zu haben, zurück.

Mit schmerzlich gereckter Schulter schob sich Christianus an ihnen vorüber. Heinrich kam mit einem Bündel brennender Kerzen im Arm herein und ließ es auf dem Tisch nieder. Abwechselnd nahm er und die blonde Frau ein Licht; sie zogen eine Lichterreihe aus dem Bündel heraus lang über die Tafel. Der Saal entdeckte sich als weit und erfüllt von Menschen; offne Zimmerfluchten verdämmerten an beiden Enden.

Es seien wohl alle Brüder zugegen? fragte Doktor Christianus. Ob man beginnen könne?

Nein, man könne noch nicht beginnen. Man könne überhaupt nicht beginnen. Ob der Meister ins Feld ziehe?

Sich überrascht vertiefend — was zweifeln sie? — gebot der Doktor Ruhe.

Maria ließ sich auf ihrem Sitz neben ihm nieder; Heinrich lehnte sich zurück und betrachtete am Doktor vorbei Maria.

Nein, man könne nicht beginnen. Der Meister dürfe nicht ins Feld ziehen.

Der Lärm hatte sich noch nicht gelegt, als er sich schon wieder aufzuregen begann.

Von dem Platz dem Doktor gegenüber erhob sich der Starblinde, drängte die Tische, die vor ihm zusammenfaßten, auseinander, so daß ein Durchgang von ihm zu Christianus entstand, ließ sich vor dem Doktor auf ein Knie nieder und — wie ebbte der Lärm! wie beugten sich die Leiber über die Tische! — redete, von seinem Zungenfehler behindert: der Meister dürfe nicht mitziehen; sie müßten ihren Meister behalten; was aus ihnen werden sollte, wenn er sie verließe; es müsse ein Nachfolger gewählt werden, der das Amt versähe, bis der Meister wiederkäme; ja, das sei das Entsetzliche: ob er wiederkäme; man hörte im Kriege so oft, daß einer der bedeutendsten Köpfe fiele; nein, er dürfe nicht mitziehen; er müsse bleiben!

„Lieber," — der Meister legte die Hand auf des Knienden Kopf — „das sind doch Dinge, die bei Gott stehen," — nicht, als ob er hier eine Pause gemacht hätte, aber ein Gedanke schien liegen zu bleiben, die Worte hängten sich aus, schwebten ungefaßt und kamen darauf hinaus, daß man diesen Abend, wenn es auch der letzte sei, unausgezeichnet, den andern gleich begehen wollte.

Nein, man wollte nicht. Der Meister wolle nur über das Entsetzliche hinwegkommen.

Da erhob sich der Unentschlossene, und seine Frage hatte etwas seltsam Bestimmtes: Der Meister beabsichtige doch wohl gar nicht, ins Feld zu ziehen? Soldat gewesen sei er doch nicht?

Gewiß würde er mitziehen; als Freiwilliger. Er würde Soldat sein wie jeder andre. Ja: wie jeder andre.

Das gab dem Weißbärtigen, der bis dahin erschüttert gelauscht hatte, einen Gedanken: Nein, wie jeder andre nicht. Jeder andre könne fallen. Wenn der Meister fiele, so sei damit ein Zeichen gegeben: Gott habe alsdann seine Hand von ihnen gezogen.

Jawohl: das wollten sie zum Zeichen nehmen: der Meister dürfe nicht fallen; sonst sei die Zeit noch nicht reif für das Höchste, nicht reif für seine Lehre; wenn er fiele, sei der ganze Kampf vergebens.

Sie möchten sich beruhigen: er würde nicht fallen, und wenn er fiele: er würde wiederkommen, wenn die Zeit reif wäre.

Jawohl: er würde wiederkommen! War das nicht ein großartiger Gedanke? Der Starblinde meinte sogleich, er dürfe auf Grund dieses Wortes erneut seinem Gefühl Ausdruck geben, daß der Messias gekommen sei.

Man stutzte. Nicht dieses Einfalls wegen; dieser Einfall fand in der Gesellschaft offne Herzen. Aber Heinrich, der bis dahin lautlos und verloren dagesessen hatte, war aufgebrochen und hatte des Meisters Schultern umschlungen:

„Wir wollen zusammenbleiben. Wir wollen uns helfen. Wir werden heimkehren."

„Wir werden heimkehren, mein lieber Heinrich," sagte der Meister, drängte den Jüngling sanft von sich, kehrte sich ab und ging, ohne einen Blick an die Versammlung zu wenden, in eins der Nebenzimmer.

— Immerhin: es war so: er konnte fallen. Wie jeder andre. Wie viel mehr aber fiel mit ihm als mit jedem andern! Feigheit? Dieser Vorwurf läßt sich zurückgeben. Niemand würde einem Heerführer, einem berühmten General zumuten, mit seiner Stirn ein Schrapnell aufzufangen; was gibt dem General das Recht, einen Volksführer, einen berühmten Prediger vor die Gewehrläufe zu stellen?

Plötzlich erschrak er über einer Spur, die ihn in seinen Gedankengängen aufhielt, einem Zeichen, das ihm sagte, daß Menschen vor ihm diese Gänge durchrannt haben mußten; sie waren mit einem Namen bezeichnet; dieser Name kehrte wieder an allen Wänden; jede Ecke, um die er bog, trug dasselbe Wort — Flucht; alle Winkel, alle Straßen, die er durchjagte — Fahnenflucht; er stürzte in eine entlegene Gasse — Fahnenflucht; zitterte zurück auf einen Gemeinplatz: an allen Ecken: Fahnenflucht.

Er entsetzte sich; fühlte sich erst nach einigen Atemzügen erholt; stand im Raum.

Er zog sich gewaltsam in die Dunkelheit zurück, zog das Dunkel über sich, um unerhellt in die Helligkeit des Saals zu starren.

Sein Blick fiel auf Heinrich, der mit Maria plauderte. Er schien im Anblick des Freundes zu versinken; nach und nach faßte er sich an den harten, steilen, lichtumstrahlten Gebärden wieder; sein Auge weitete sich; das Bild löste sich zum Gedanken, und er entsann sich immer mehr:

— Wie feig, wie feig, zu fragen und zu denken! Kann es nicht sein, daß du so sicher wie der deinen Weg gehst? Vielleicht ist der da draußen schon ein abgemoderter Schädel, nur du siehst es nicht; vielleicht bist du selbst ein Gerippe mit ein paar faulen Lappen, nur du weißt es nicht. Das bißchen Zeit, bis du's weißt: was tut das? Aber wenn es der Ewigkeit gefällt, dich noch eine Weile über der Erde zu halten, wird sie dann nicht aus der Tiefe heraufgreifen können, dich tragen, dich heraustragen? Oh wie unendlich würde mein Tag sein, wie voll dankbarer Festigkeit mein Schritt, wenn ich nur einmal die Nähe Gottes erlebte! Wie anders als jetzt! Wie ich jetzt bin, zweifelnd, bedenklich, von Unruhe voll — es ist gleich, ob ich stehe oder falle.

Er schien ihnen größer, als er, von vielen Kerzen erleuchtet, in den Saal trat. Er übermannte Heinrich mit diesem kurzen: „Morgen früh, Lieber," und der Jüngling wagte nicht, seinen Blick, in dem ein großer Triumph zertreten war, hinüberzusenden zu Maria.

Daß es Nacht ist, daß Reihen rechts, Reihen im Rücken, Reihen vorn verlaufen, daß man einen Weg geht, über den feindliche Witterung streicht: woraus ist das alles geworden? In welch winzigem Gelenk dreht sich der Arm des Schicksals, der uns über die Erde hebt!

Ein Gewitter ist im Aufkommen. Windstöße spalten sich an ihnen vorüber. Die Schollen, die am Tage wie gebrannter Ton dagelegen haben, sind bleigrau geworden; es ist um ihre Füße herum alles wie gegossenes Blei, das sich am Horizont zu Spitzen aufzackt: der Stadt.

Man hat sich durch die Dämmrung in den Abend geflüstert. Jetzt in der Nacht — o Erinnrung an jene schlummervolle Untätigkeit des nächtlichen Menschen! — wird man stille und schläft über marschierenden Füßen.

Nur Heinrich, der neben Christianus Schritt hält, spricht hie und da ein Wort, heiter fast; denn er hat Christianus den Tag über fröhlich gesehen. Sie schauen beide zur Erde: wie beruhigend liegt doch die Erde unter unsern Füßen: nicht allzuhart verschließt sie sich den todgeneigten Gliedern; nicht allzutief läßt sie den sich im Tod Erholenden versinken.

Jetzt: ein Wind. Wind hat einen Ast von einem Baum gebrochen. Christianus blickt auf. Die ersten Häuser leuchten weiß durch die Nacht. Nein, es ist still; durchaus still. Nicht einmal in den Vorgärten irgendein Laut.

Hagel? Es kann doch — wir sind mitten im Sommer — es kann doch nicht Hagel geben? Aber es hagelt. Christianus lauscht auf. Es klopft an den Stämmen wie Spechthämmern. Er fährt herum. An seinem Nebenmann hat es einen Klang gegeben, als schlüge einer mit einem Klöppel einmal auf die Trommel. Es bricht aus den Häusern. Der Tod trommelt. Er lockt zum Avancieren in die Gärten. Sie verhäkeln sich im Gedörn und sinken lautlos zusammen.

Christianus steigt einem Staket entgegen, langt über einfallenden Grund nach Spitzen, kommt hinüber, hebt den Kolben auf: „Hund!" und fällt zurück.

Vor seinen Augen ist es hell geworden; ein Busch ist vor ihm aufgeflammt — er sieht deutlich, wie er brennt und doch nicht verbrennt — eine weiße Gestalt ist auf ihn zugetreten, hat die Arme gebreitet und sagt:

„Gib mir deine Hand; ich will deine Gabe annehmen und dich erretten um meinetwillen. Gib mir deine Hand; ich will dich führen. Gib mir deine Hand; ich will."

— Dies ist alles sehr deutlich gewesen. Er hätte sich unterstehen können, es wie einen transparenten Pergamentstreifen zwischen Hirn und Stirnschale hervorzuziehen. Er hätte es tun können. Er sah nicht ein, warum er nicht liegen bleiben sollte, wie er lag. Er würde herausgeführt werden; irgendwie würde er herausgeführt werden. Zweifel? — es war über allem Zweifel; es war deutlich genug gewesen.

In der Stille erwachend, im Gefühl, als höbe der leichte Wind, der vor Sonnenaufgang aus weißem Himmel heraufweht, ihn auf, hängt er die Arme zwischen Baum und kleine Felsen und blickt um sich. Unter Bewaffneten, die in groben Arbeitskitteln müde daliegen — er weiß, es sind Tote — ist er der einzig Lebendige. Er steht auf, geht lächelnd auf einen zu, an ihm vorüber, an andern vorüber, wieder lächelnd auf einen zu. Muß es sein? Er hebt ihn mit einem Arm hoch, streicht dem zurückhangenden Kopf das Haar aus der Stirn, drängt einen Ärmel über die Schulter und — oh! es ist schwer, unendlich schwer — nimmt Stück um Stück, bis an dem Toten sich etwas regt: er strafft erschreckt das auflebende Hemd der Leiche in seinen Waffenrock und überwirft sich mit dem grauen Kittel. Als es getan ist, verfallen seine Glieder in Wanken; aber die Brust, atemvoll tragend, fängt ihn auf. Er tritt auf die Landstraße und geht mit den Blicken in sie hinein, sucht wundernd. Daß ich suchen muß! denkt er. Da beginnen die Blätter der Bäume sich zu kräuseln, sie werfen sich begeistert um und ins Ende der Heerstraße hinein; weißüberglänzte Vögel streichen endlos wegabwärts; hinreißend zieht alles durch seinen Kopf — eben noch lehnte der Kopf an einem Baumstamm — jetzt bewegt er sich mit dem bewegten Gelände wegabwärts.

Ans Ohr, das sich der lautlosen Luft, der Fülle schweigsamen Lichts hingab, klangen vom Blutstrom her — seltsam untertöntes Stillegefühl! — die letzten leichten Herzschläge der nächtlichen Erweckung; so weitausgreifend wurde sein Schritt, so nachlässig ließ er alles Auf- und Entgegenkommende gewähren, daß er nicht einmal widerstrebte, als ihm plötzlich als das Ziel seines Weges Maria voranging.

Er erstaunte über nichts; Begegnungen erschreckten ihn nicht; es war ihm, als habe er alles überholt, ehe es ihn ankam.

Maria war über allem; im Wasser seiner Augen, in Tränen tanzte ihr Licht vor ihm her, wachsenden Glanzes, bald unerträglichen Feuers, bis sie am Wegende erloschen, jedes Licht mit stumpfem Grauen austupfend, vor ihm stand.

Auch das erstaunte ihn nicht. Kräftigend ging der Schlag durch ihn. Es würde einen Kampf gelten. Er würde an einen Widerstand geraten, der so groß wie die Welt werden und nur eine Grenze haben würde: den engen Raum, den seine sieben Rippen umschlossen und in dem die weiße Gestalt stand. Dagegen würden sie anrennen; anrennen, unwissend, gegen wen.

Vorerst hatte er das Bedürfnis zu schlafen. Er fragte Maria nach nichts, sondern stieg, sich mit keinem Blick umwendend, die Treppe hinauf in die Dachkammer. Da legte er sich neben das Bett auf den Fußboden, streckte sich wie ein Hund aus, den Hals zurückgedehnt: schlafen!

Immer mehr wurden ihm die Stunden des Schlafs glückselige Stunden und die des Wachens peinvoll erregte.

Er hängte, wenn er wachte, die Arme durch die Dachluke auf die heißen und rauhen Ziegel und starrte die Spitzen drüben des Doms an, um die die Dämmrung aufkam und der Abend einfiel. Die Speiteufel schrumpften bläulich zusammen, blähten sich rötlich an ihn heran. Darunter brodelten mit gurgelnden und platzenden Schaumbläschen die Geräusche der Stadt.

Das Fürchterlichste war, in der Nacht zu erwachen. Unmöglichkeit, etwas zu unternehmen, Lähmung, gebundene Glieder hingen da an einem, daß ein Wünschen nach Tag, Tätigkeit, Lärmen in Schweiß ausbrach.

Plötzlich war er bei Maria: als habe er Wand, Decken, alles Räumliche durchbrochen. Und dann haftete sein Blick, sein Wort, seine Gebärde so heftig in ihr, daß sie sich im Schmerz wand.

Sie verstand ihn nicht; sie wollte ihn nicht verstehen. Wenn sie in dem allen nur eine Faser Gefühl für sich, für ihre Demut, für ihre Hingabe entdeckt hätte, sie hätte sich daran geklammert; aber er redete — halb schien es, ohne sie anzusehen. Sie war ihm gegenüber immer in einem Wunsche befangen und sie empfand: sich die Hand geben, bei jedem Vorübergehen Worte sprechen, sich anblicken — bei andern Menschen sind die Tage ausgefüllt von solchen Dingen; bei uns sind sie durch solche Dinge leer.

Er wiederum nahm ihre Sorgfalt um die Sachen seines Alltags als nichts. Gewiß: sie tat alles — sie verbarg ihn; er erkannte das an; aber seine Dankbarkeit war nichts als ein Verzeihen. Sie ist ein Weib, sagte er sich; sie versteht mich nicht; also soll sie mir dienen.

Da geschah es eines Tages, daß dies alles anders wurde.

Maria teilte Christianus mit, daß Heinrich käme, die letzten Wochen heilender Wunde bei ihr und der Gemeinde zu verbringen.

Von dieser Wunde konnte Christianus nicht sprechen hören. Ein Widerstand, ihm selber unbehaglich, wehrte sich wie mit tausend Armen gegen ihre Nähe, und wie mit tausend Armen griff eine Begierde kalt und angst aus ihm heraus nach Maria.

Er saß neben ihr; er suchte Worte, tiefe, tiefere Worte; er versuchte, diese granitnen Blöcke, die Stirn, Kopf, Leib heißen, wegzuwälzen, wegzubrechen von seinem Gedanken, von der weißen Gestalt, die innerst in ihm leuchtet: plötzlich warf er sich steil zurück.

Eine Kraft durchstemmte seine Glieder, daß alles Steinerne, Versteinte an ihm aufsprang: seine Mienen begannen zu flattern, daß sie nur noch wie Schatten über einem aufgedeckten Gesichte schwammen; er hob die Arme: „Es ist wie ein Ungeborenes und doch Empfangenes“ und legte sie an Mariens Brust und ihr Gesicht in beide Hände: „Hilflos.“

Dies Weibverwandte hatte sie von je an ihm geliebt; aber dies Neue, Übermannende war hinzugekommen: es war das erste Mal, daß er sie leiblich berührte; seine Hände lagen warm und dicht von ihren Schläfen herab zu den Wangen; wie sollte da ihr Kopf nicht alles umdeuten, was ihm und ihr bis jetzt entgegen gewesen war!

Sie war zufrieden; sie hatte ihn begriffen. Sie hatte ihn begriffen, trotzdem er nichts gesagt hatte.

Er liebt mich, dachte sie.

Und: es ist geschehen! jauchzte in ihm jeder Atemzug. Die weiße Gestalt ist ihr aufgegangen; ich trage sie nicht mehr allein in mir. Das Unüberwindbare ist überwunden; der Anfang alles Geschehens ist geschehen. Was hindert noch, daß die Dämme aufbrechen allerorts? Daß alle erkennen, was mich berufen hat? Es wird geschehen.

Geduldig überstand er die Hölle unter seinen Füßen, die Versammlungen, deren Geräusche allabendlich zu ihm heraufschlugen.

Heinrich machte die Zusammenkünfte zu Gedächtnisfeiern für den Toten.

Rührend und furchtbar, wenn Maria erzählte, wie der Harte, Verschlossene aufgegangen war in Liebe zu dem gefallenen Freunde, wie er den Lebenden vertilgte, indem er den Toten erweckte!

Christianus bemerkte, daß Maria mit ihrem Gefühl viel weniger als er in dem Entsetzlichen stand, wie hier ein Mensch den andern mit Erinnrungsherzblut erstickte, und viel mehr in dem Entzücken über die Kraft und Heftigkeit dieser Hingabe. Er begann, diese Freundschaft zu fürchten.

Zwar, wenn Maria heraufkam und die Gespräche halber Nächte vorbrachte, die Lippen mit einem verwegenen Lächeln bewegend, und doch wie in einem Märchen befangen, das Christianus wie ein großer Zauberer beherrschte, wußte er: er war ihrer sicher.

Aber eines Abends trat sie herein und hatte einen entlegenen Glanz im Auge.

Christianus fragte.

Sie erzählte.

Der Starblinde habe gegen alle Tröstungen Heinrichs prophezeit, der Meister werde auferstehen. Da habe Heinrich geantwortet: „Blinder, du hast recht; nur willst du mit tausend Schritten ermessen, was wir Sehenden mit einem Blick erfassen: er ist auferstanden; er ist in uns, für die er gestorben ist, auferstanden."

Damit schwieg sie. Christianus wartete.

Aber sie hielt es für besser, jene wunderbaren Worte für sich zu behalten, die Heinrich danach mit einer deutlichen kleinen Wendung zu ihr hinüber gesprochen hatte — wobei er seine Stimme hatte metallner und seine Schritte straffer werden lassen —: „Das könnt ihr nicht nachdenken, dies: daß ich, der ich genesen — wie ihr sagen würdet, auferstanden — bin, mich wie von Licht und Luft begraben fühle; daß ich sagen möchte, ich sei auferstanden, wenn ich in der Erde läge."

Christianus begriff immerhin. Er richtete sich auf und befahl ihr, den Versammelten und Heinrich — auch Heinrich! Heinrich besonders! — zu sagen: der Blinde habe recht; er w e r d e auferstehen.

Heinrich erhob sich eben, um auf den prophezeienden Blinden einzureden: da hörte er Mariens Stimme. Er wandte den Kopf.

„Der Blinde hat recht," hörte er sie sagen. Und dann mit einem Atem, der fast die Worte verschlug: „Der Meister w i r d auferstehen."

Erst als sie ausgesprochen hatte, wagte sie, zu ihm aufzusehen. Ihre Blicke legten sich lange ineinander. Dann drehte ein Krampf dem Jüngling Brust, Nacken und Kopf herum. Sie sah fort.

Als sie wieder aufblickte, hatte er das Zimmer verlassen.

Seit diesem Abend bestand Maria darauf, daß Christianus ihr Versprechen einlöste.

Er mußte auferstehen.

Sie leitete alles.

Sie versammelte täglich die Gemeinde; sie ließ nicht ab, die bestimmte Voraussage des Ereignisses zu wiederholen. Er befragte sie endlos und eindringlich, um aus der Summe ihrer Beobachtungen seine Einstellung zu finden. Sie gab ihm die Ergebnisse von Experimenten an die Hand. Etwa: sie hatte auf die Frage, wann sie meine, daß der Meister auferstehen würde, überrascht gezögert. Oder: sie hatte in einem Augenblick nachdenklicher Stille halbhin gesagt, manchmal sei ihr doch, als ob sie sich täusche — Mißmut, Verzweiflung, ekelhafte Zerfällnis mit allem, was Gott, Glaube, Zukunft heißt, sei hereingebrochen. Peinlich zu denken, daß dieser Verdruß sich dem Volke, dem näheren, am Ende selbst dem weiteren Lande mitteilen könne. Es war keine Frage: hier war er berufen einzugreifen. Er sah sich mit einer Aufgabe in den Ring der Gemeinschaft gestellt, sah den Horizont seines abgeschlossenen Daseins sich lichten und dehnen. Es waren Bedenken da. Aber sie versicherte ihn: diese Köpfe waren wunderbedürftig und durchaus bereit, ihn aufzunehmen. Allerdings; aber — Sie bedeutete ihm: dies waren nicht allein wunderbedürftige Köpfe, dies waren auch wundergläubige Herzen; würden diese wundergläubigen, diese nach der Erfüllung ihres Wunsches kindlich frohen Herzen ihr Erlebnis unter die Menge tragen, ihren Glauben von den Blöden, den Nichtbegnadeten zerstören lassen? Das würde nicht geschehen; nur die Zuversicht würde sich überall wohltätig ausbreiten.

Sie ließ Christianus in Ungeduld aufgehen.

Sie bestätigte die Gemeinde in der Hoffnung auf die Wiederkunft des Meisters.

Sie legte ihre Erwartung ineinander.

Als die ersten Hyazinthen blühten, brachte sie brennend rote Stöcke herein. Die Sonne zitterte blaß, wie eben genesen, durchs Zimmer und trug den kranken Duft der Blumen an sich. Durch dieses Spalier üppiger Blüten und spitzer Sonne lief der Weg, den Christianus zu den Menschen ging.

Die Sonne machte ihn hell. Alles strahlte an ihm. Er begegnete Maria und lächelte; ging durch viele Zimmer, kam ihr wieder entgegen und lächelte wieder.

Nur, daß er nicht jeden der Freunde einzeln begrüßen sollte — er fühlte sich so gemeinsam mit jedem einzelnen, fühlte die Hände in jedes einzelnen Händen, den Kopf jedes einzelnen Kopf ganz nahe — nur, daß er warten sollte, bis alle versammelt wären und dann — dies dann lag matt, zog ihn nicht, lag ihm entgegen.

Aber es mußte auch so gehen. Gewiß, Maria hatte recht. Es würde auf ihre Art sogar noch besser gehen.

Er wendete sich wieder in ein Nebenzimmer, wandelte hindurch, bog um Ecken, Türen, lief durch Zimmerfluchten, Gänge — seltsam! — es war hell, warm, fast heiß, und es war gar kein Geschrei da, und doch schrie — nein, es war unendlich leise, fern und verloren — schrie es — Flucht; er sah sich um: war er diese Gänge nicht schon einmal gegangen? Nur war etwas Fertiges, Ausgemachtes an ihnen: als wäre alles fest geworden. Er versuchte, sich zu entsetzen, und es gelang ihm nicht — Flucht; er bog um Ecken, hob sich durch Türen — Fahnenflucht; bewegte sich vorüber an hundert mitziehenden Wänden: Fahnenflucht.

Ach, das war ein Wort, von Menschen gefunden, die nicht seines Sinnes waren. Von dem Sinn, der ihn über die Menschen hob, lag dies Wort so weit ab wie ein kleines Sandkorn, das ein Engel, aufsteigend, vom Fuß fallen läßt. Für seinen Sinn gab es kein Wort. Aber für das, was er getan hatte, gab es ein Wort: jenes. Liegt denn etwas zwischen dem Sinn, in dem eine Tat getan wird, und dem Sinn, in dem sie betrachtet wird? Ja: die Tat selber. Die Tat ist das Urteil. Aber ich kann das Urteil, das nur meinen Fuß streift, beiseitetreten.

Es klirrt, klingt zu seinen Füßen; das Haus hat sich geöffnet: die Menschen kommen.

Der Gedanke läuft aus und reißt wie ein dünn ausgezogener Glasfaden ab; das Hirn tropft zusammen zu einem Klumpen Menschen.

Aus dieser Menge stellt er sich einzeln vor: hier diesen, dort jenen; hebt ihn auf, betrachtet ihn, sieht ihm in die Augen: oh! überall glänzt dieses selbe frohe Auferstehungslächeln, in tausend Augen leuchtet es, Laute, unerhörte, läuten von Herzen zu Herzen hinüber, herüber; er breitet die Arme, zieht alle an sich, nahe, näher; er ist ganz erfüllt von ihnen.

Da stehen sie.

Sie haben alle die flachen Augen auf ihn gerichtet.

„Fahnenflucht."

Eben hat einer gesagt: „Fahnenflucht."

Ehe er sie begrüßt hat, hat einer das gesagt.

Er spannt die Arme heftig an, will sie erheben; sie sinken an ihm ab; er fühlt, wie seine Gebärde in Hilflosigkeit verfällt. Der entstellte Blick Mariens greift ihn an.

Sie weichen von ihm zurück wie Wasserkreise vom eingefallenen Stein.

Er drängt nach.

„Hört doch, ihr Feiglinge! Ihr tauben Fische und blinden Maulwürfe, hört und seht! Was ist es, wovor ihr zurückweicht? Sollte ich als unbeschwerlicher Sonnenstrahl vor euch hintreten? Da: da steht solch eine Gestalt Sonne. Hat die euch getröstet? Hat die Laute zu euch gesprochen, wie ich sie spreche? Hätte das laue Flämmchen, das mir ähnelnd über euer schwaches Gehirn hinschwankte — hätte das auferstehen können? so viel Leiden übernehmen können, daß es zu euch kam? Mußte ich nicht — da ich es in Wirklichkeit bin — mit Fleisch und Blut herausgerettet werden, um zu euch zu kommen? Und nun weicht ihr vor diesem selben Fleisch und Blut zurück?"

„Feiglinge" hätte er gesagt, begann unentschlossen eine Stimme; mit diesem Argument begann sie; im Verlauf der weitern wurde sie seltsam eindringlich.

Christianus hörte nicht zu. Es kam ihm bemerkenswert vor, daß er diesen ganzen Auftritt früher, ehe er sich darin befand, auch nur als Licht, gefügiges, wandelbares Licht gesehen hatte. Er war befremdet, die Wirklichkeit jener Körper hinnehmen zu müssen; versuchten jene vielleicht vergeblich, die Wirklichkeit des seinen zu vertilgen?

Er wußte nicht, ob sein Gegner geendet hatte; er fuhr fort:

„Was ist dies, was hier vor euch steht? Steht ihr etwa vor mir wie durchschauliches Licht? Kenne ich, wenn ich eure Leiber, eure verrotteten Bärte, eure zerrunzelten Stirnen, eure triefäugigen Gesichter ansehe — kenne ich dann die Klagen, die euch in wortlosen Nächten durchklungen haben? Wenn ich eure steifhäutigen Hände, eure überlederten Füße betrachte — kenne ich dann eurer Gebete Bewegungen und die Verzweiflungen eurer Wege? — Ja! ja! ich kenne sie! Aber kennt ihr durch meinen Anblick mich?"

Der weißbärtige Alte trat vor und legte erschüttert die Hand auf die Brust: Sie wüßten ja, daß er ein andrer als sie sei; gewiß, es sei wahr, er sei anders als sie; aber schuldig machten sie sich doch, wenn sie ihn nicht anzeigten; gewissermaßen machten sie sich doch schuldig?

„Ja! geht, geht! zeigt an! Wißt ihr, auf wen ihr zeigt? Auf mich nicht. Wißt ihr, auf wen ihr zeigt? Gebt acht, daß euch die Finger, daß euch der Arm nicht verbrennt bis zur Achselhöhle: habt ihr jemals auf den gezeigt, der dem Propheten im feurigen Busch erschien, und habt geschrien: den greift! der ist's! Hebt eure Arme! schreit! Kennt ihr die Verdammten, die mit ihrem Geschrei sich das Gericht sprachen? Ihr seid's! An mir fahren eure Schreie vorbei wie Wind, und eure Arme schlag ich beiseite wie klappernde Bretter; denn in mir ist die Kraft jenes, der seine Erwählten durch das Geheul der innern Einöde, ja, durch die Wüste voller Menschen sicher hindurchführt! Er sprang vor mich hin, als ich den Kolben zum Kainshieb hob: Halt ein! Da brannte der Busch auf, und seine Stimme rief: Geh zu ihnen! Ich will, daß deine Gabe an sie komme! Und der das sprach, der steht seitdem in meiner Brust, hochaufgerichtet, brandhell! Hebt die Arme! den greift! der ist's!"

„Oh! Woher? Wo?" Zwei Arme erhoben sich vor allen und griffen in die Luft; wie die Klage eines Tieres breiteten sich Worte, vielfach von Weinen geschlagene Worte aus: „Wo stehst du, Herr, den meine Arme suchen? den der Herr über alle Herren hergesandt hat, uns dem Tal des Jammers zu entführen? Wo finde ich dich, dir zu Füßen Dank, Lob, Lobpreisung —"

An dem tastenden Blinden vorüber sperrte sich eine spitze, bestimmte Bewegung.

Das sei eine wunderbare Geschichte. Darüber könne unsereins nicht urteilen. Oder ob einer urteilen wolle?

Nein, allerdings, das sei schwer; darüber sei nicht leicht ein Wort zu sagen. Man verstummte eine Weile. Da hob sich aus dem Hintergrunde hell, fast singend, eine hohe, anfragende Stimme: „— Heinrich?"

Das sei wahr: Heinrich! Der verstünde das wohl. Man wolle warten, bis Heinrich komme. Der solle der Richter sein. Und bis dahin wolle man sich jeden Schritts enthalten.

Sie traten zusammen und versprachen sich ihr Gelöbnis in die Hand.

In diesem Augenblick glitt die Sonne, die rückwärts und rückwärts gewichen war, von Christianus ab. Sie hoben die Augen auf und sahen ihn nicht. Langsam entgraute er dem Dämmer; seine Augen standen glanzlos vor dem Gemäuer; er sah verstorben aus.

Es ging etwas wie die Scheu vor einem Toten durchs Zimmer; mit kalten Schultern drängte sich die Menge und bewegte sich hinaus; es wurde leer; leerer: das Zimmer war leer.

Plötzlich fühlte er den Boden zu seinen Füßen in die Tiefe stürzen, sah ihn drüben gegen die Wand sich langsam heben und hoch an die Wand gelehnt Maria. Die Kehle hell — uneinhaltsam hört er ihre hohe Stimme — Heinrich? fragen — das Kinn nachlässig verachtend gereckt, den Blick abfällig auf ihn gesetzt, stand sie ihm gegenüber.

Er hob die Arme auf, und so verwilderten seine Gebärden an der Luft, in der sie stand, daß sie wie Flammen gegen sie auszuschlagen schienen; er schrie, und immer wachsend, verfingen sich die Schreie in hohen Anrufungen, und angreifend: Mein Gott! Mein Gott! weinend, sank er in sich zusammen.

So verfallen, fühlte er seine Füße plötzlich umrafft von zwei Armen. Er sah sich wundernd um und fand es natürlich, daß der Boden ringsum sich steifte, aber seltsam, daß die weite Fläche leer war. Wo er noch eben über einer andringenden Flut aufgebraust war, kreiste Leere, Öde, nichts als dies sanfte, umwogende Plätschern der Arme, dies Geringe, dem er sich nicht entziehen konnte.

Er sah nieder zu dem Weibe: „So allein, Marie!"

Da öffnete sich unter ihm ein Blick voll Tränen; er beugte sich nieder und hob sie auf.

Sie schloß unter seinen Griffen die Augen und schauderte zusammen.

Ihm war wohl dabei; es schien ihm, als sei alles recht so, überaus gerecht; er faßte mit zärtlich gestreckten Fingern — Mariens Kopf ruhte in seiner Hand, ihr Leib auf seinem Arm — nach den langen, weichen Wimpern ihrer Lider — nicht, als ob er sie zurückstreifen, gewaltsam öffnen wollte: es war ihm, als streichelte er über einen Traum hin.

„Laß!" bat er. „Laß, Liebe!"

Langsam schlug sie die Lider zurück, warf aber den Kopf beiseite; er bog sich nach und über sie; das Weiß ihres Auges spreizte sich ihm entgegen; Duft und Hauch von Mund und Haar verwuchsen; unter dem Schatten seiner Stirn blühte ihr Auge, das volle Dunkel inmitten auf; ihre Sinne gingen ineinander.

Die Lockerungen und Eröffnungen dieser Stunde nahm Gott von Natur als eine Gelegenheit, aus der Entfernung näher zu treten.

Christianus bemerkte die väterliche Gegenwart durchaus nicht sofort.

Er wandelte unbekümmert im hellen Mittag und verlachte sich, als ihm war, als ob ihn eine fremde Stimme gerufen hätte.

„Du bleibst? Und wie lange?" hatte die Stimme gefragt.

Er wandte sich um und erschrak heftig.

Es war niemand im Zimmer als Maria. Halb saß, halb lag sie auf einem Diwan, und von den heißen Wänden strahlte viel Licht in die großen Falten ihres Kleides. Es war wirklich außer ihr niemand zu sehen. Aber im Hintergrund ihrer unheimlich gebauschten Hüllen, im Schutz ihrer weitgesetzten Gliedmaßen, über denen die sonst liebreich sprießende Brust zusammengeschrumpft schien, verbarg sich, erwartete ihn etwas. Er hatte vorübergehend die Empfindung, als stellte sich ihm gegenüber im Schatten des Begreiflichen etwas der weißen Gestalt Ähnliches, Unbeherrschbares, Zwingendes auf; er wagte nicht zu atmen und geriet über dem Gedanken, zum ersten Mal vor der weißen Gestalt Angst empfunden zu haben, in wachsende Angst.

Marie sah ihn mit einem unverwandten Lachen an.

Er fragte erschüttert: „Ist jemand hier, Marie? Oder warst du das, der das sagte?"

Sie lachte auf, sprang auf und ging im Zimmer herum:

„Ja, ja. Hattest du Angst? Ich wollte dich nur fragen, wie lange du noch bleiben wirst. Bleibst du noch lange?" Und plötzlich in sich hinein mit abgefallener Stimme und ganz verändert: „Himmel! So weit! so weit!" Sie zitterte und legte die Finger an die Lippen wie in Entsetzen vor ihren eignen Lauten.

Sie schien wahnsinnig zu sein. Er war ihr unendlich fern und gab sich Mühe, sich einzustellen. Darum näherte er sich ihr, sie zu umfassen.

„Nicht an mich!“ rief sie und entsprang ihm. Er drang ihr nach: „Liebe, sind wir nicht eins? und haben dies eine gemeinsam?“ fragte er mit großem Unbehagen, aber in der Hoffnung, sie zu beruhigen.

Sie versank: „Daß ich dich geliebt habe! Daß ich dich geliebt habe! Aber ich sah dich so verlassen, so los, so — hin, fort, nichts von dir übrig — und da! — Geh doch! geh doch!“ schrie sie auf, „daß ich dich wieder lieben kann.“

Daran war ihm nicht gelegen; auch schien es ihm unmöglich, ihr noch ferner zu sein, als er schon war. Er stand ihr gegenüber und blickte gleichmütig auf sie hinab. Was bewegte sie? Je mehr sich in seinen Augen der Grund ihrer Erregung verringerte, desto unmäßiger erschien ihm das Meer von Bewegungen, das darüber hinging; und ihm wurde um so übler, je tiefer er einsah, daß sie ihn mit dieser wilden Flut von Gebärden aus ihrem Innern verwarf. Er gewöhnte sich an den Gedanken, in ihrem Herzen keinen Raum zu haben, und alsbald dünkte ihn dies Herz winzig und er sich dafür zu groß. Sie war fortan Rest für ihn. Wieviel hatte er ihr geben wollen! Er fand es erbärmlich, so beherrscht vom eignen Wesen zu sein, und unverzeihlich, nicht am andern teilnehmen zu können. Aber was hatte man schließlich miteinander zu tun? Nichts. Er wünschte nur noch, daß sie das einsähe.

Im Gegenteil kam sie auf ihn zu und legte sich an seine Brust. Sie weinte.

„Das Kind —“ sagte sie. „Siehst du: was soll aus mir und dir werden? Er muß kommen. Und wenn er kommt, darfst du nicht mehr hier sein. Mit ihm allein will ich schon alles ins Reine bringen. Aber bleiben kannst du nicht“ — sie streifte ihn mit gespreizten Fingern von sich — „Du bist ja tot.“

Er war ratlos. Das Kind — er sah ein, das war ein Ding, mit dem zu rechnen war. Er war in eine sonderbare Lage geraten; es war nicht abzusehen, wie er gegen das Kind aufkommen sollte. Da flog ihm die Erinnrung zu, daß man von Müttern gehört hatte, die unter Einsatz des Kindes bei der Geburt geschont wurden, und während dieser Gedanke keulenhaft wuchs: konnte hier nicht unter Einsatz von Mutter und Kind —? und er ihn aufhob, bereit, ihn in die Tat fallen zu lassen, kam es ihm vor und hemmte ihn, daß sie seltsam von dem Kind gesprochen hatte. Er fragte besinnungslos, vorerst sich zu vergewissern: „Du sagst er. Weißt du, daß es ein Junge ist?“

Da lachte sie und — widerwärtig, wie sie gleich Weibern, die haltlos lachen, den Schoß vorstreckte! — dies Lachen umschallte ihn, daß er aus ihm heraus nur begriff, sie müsse von jemand anders als dem Kinde gesprochen haben. Aber ehe er das ganz faßte, kam sie zu Atem: „Heinrich? Der ist Manns genug, dich für ein Weib zu halten.“

Heinrich. Sie hatte Heinrich gemeint. Er stürzte sich, ohne an dem Hohn zu haften, mit dem sie ihm nachsetzte, durch die einströmenden Gedanken ihrer Absicht zu. Sie wollte jemand kommen lassen: sie wollte Heinrich kommen lassen. Sie wollte etwas mit ihm ins Reine bringen: mit Heinrich — was? Alsbald stand ihm fest, und er glaubte, guten Grund zu haben, darauf weiterzugehen: sie wollte Heinrich vor die verhohlene Finsternis stellen, in der sie und das Kind lagen, um den heranwuchernden Gerüchten zu wehren. Heinrich — unendlich erhellt und lieblich erschien ihm dies Waffentum — sollte an Vaterstelle neben das Kind und die Ehre der Mutter treten. Er bewunderte die Gewandtheit, mit der sie auf diesen Gedanken gekommen war, und erstarrte vor den Untiefen der Heimtücke, über die der Weg dahin führte. So raubtierhaft eingezogen kann nur ein Weib über seiner Brut den andern ins Auge fassen; so kaltherzig bedächtig nur ein Weib dem andern die Schlinge legen. Er ruhte auf der Höhe dieser Betrachtung aus und atmete mit Behagen. Letzthin: wenn Heinrich als Vater des Kindes galt, konnte er nicht seinen Nutzen daraus ziehen? Er würde bleiben — unverraten, ungefährdet. Seine Zähne lichteten sich und lachten: wie abgefeimt hatte sie das alles bedacht! — er sprang von seinen Gedanken ab und an Maria und packte sie wie mit Krallen: „Ja ja, Maria! Geh! schreib ihm! ganz sanft, ganz gelind, ganz verschlagen! Du kannst es! Du kannst es! Er soll kommen; ich will es. Du hast recht; anders kann ich nicht bleiben.“

Sie sah ihn lange und groß an. Dann sagte sie: „Ich h a b e an Heinrich geschrieben.“

Er erstarrte. Kälte durchsprang ihn. Er schlug zusammen.

„Ach! — Geht es mir auf! Seid ihr einig miteinander? Sind meine Tage schon gezählt? Drückt ihr mich heraus wie ein Giftgeschwür?“

Sie wandte sich leichthin ab: ob er denn vom ersten Tag an oder selbst, ob er vom ersten Schritt an, den er hierher gegangen sei, geglaubt habe, sich halten zu können?

Das bringt ihn hindurch. Er atmet sogar wieder. Er sagt:

„Ich w e r d e bleiben, Liebe.“

„Ich w e r d e auferstehen!“ hallt es ihm da entgegen — nein, keine menschliche Stimme hat das gesagt! — und ein fremdes Gelächter läßt ihn hinter sich zurück.

Decken! Decken! Warme, dunkle Decken! Schlafen!

Mit gebreiteten Armen tanzt die weiße Gestalt durch ihn hin. „Gib mir deine Hand!“ — Schlafen! „Ich will dich führen!“ — Schlafen! „Ich will!“ — Schlafen! nur schlafen!

An der Tür rütteln verworrene Stimmen; er ist aufgewacht; er wagt nicht, sich vom Bett zu erheben; er horcht. Eine weinende Stimme will etwas Unabwendbares beschwichtigen: das ist sie! oh, das ist sie!

Sie steht Rede und Antwort auf viele Fragen; er horcht. Sie bleibt standhaft bei einer immer wiederkehrenden letzten Frage: ob Er —? ob Er —?

„Wartet! ihr habt versprochen zu warten! Wartet, bis Heinrich kommt!"

Nein, sie wollten nicht warten. Immer wieder diese flammenspitze, schlangenhaft zustoßende Stimme. Sie wollten nicht warten. Sie wollten ihn sehen.

Da brach er auf. Er griff nach seinen Kleidern; er war machtlos über sie; sie flogen ihn an.

Er war draußen. Er war über einen gekommen wie über ein Nichts. „Hund! Was willst du? Mit wem sie es gehalten? Fragt Heinrich!" Er schlug und peitschte es in sie hinein: „Fragt Heinrich! Heinrich!"

Er blickte um sich. Das Gelichter! Verschrien spritzte es auseinander, rollte in Ecken zusammen, tropfte vom Geländer, stockte die Treppe abwärts.

Er versuchte, sich zu sammeln. Er sah seine Hände an, die schwer und noch erfüllt vom Zustrom des Blutes an ihm hingen, — was hatte er getan? Schändlicher als die roten, feuchten Hände, die er nicht ablegen konnte, — er hatte gelogen. Am Pfosten der Tür, von Ekel durchstiegen, stand Maria. Er schämte sich an ihr vorbei und schloß die Tür.

Sein Kopf — das fühlte er — verstand nicht mehr genug, um zu entscheiden, was zu tun war. Das immerwährende Frage- und Antwortspiel hatte ihn matt gemacht, und schwachsinnig hingegeben, schwang er zwischen dann und wann auftönender grundloser Ruhe und dem Gekreisch eisscharf klirrender Stimmen her und hin.

Nach langem Schlaf, beim Erwachen — die Sonne schien dazu — gelang ihm dies: man muß nicht ängstlich werden; man muß der Welt zusetzen, bis sie das letzte Wort spricht: Leben oder Tod.

Von diesem Gedanken an empfand er sich tief im Urteil und beruhigt wie ein ergebener Gefangener.

Aber er vermochte sich nicht in dieser Ruhe zu halten. In den Füßen fing es an: irgendeine Sehne beherrschte ihn; er entzog sich ihr, indem er den Fuß krümmte; eine andre trat an; er wand sich unter unerlassener Strenge. Dann verzog sich die Steifung in den Brustkorb; er legte sich mit der Brust auf einen Bettpfosten und drehte sich darauf, oder er ging hinaus in das Treppenhaus und zwängte sie in die Ecke des sich aufwendenden Geländers.

Diese letzte, eigenartige Berührung war es besonders, die ihm wohltat, und er pflegte sie noch, als er das krankhafte Bedürfnis danach längst nicht mehr empfand. Durch den niederstürzenden Gitterschacht, der hinab bis auf die Diele langte, vertrieb man sich die Zeit; da sah man die blanken Fliesen glänzen; hörte das alte Weib Gemüse und Neuigkeiten hereinbringen; fand selber mit vieler Aufmerksamkeit als Neuigkeit heraus, daß es die Frau des Starblinden und Hebamme sei; bemerkte zum ersten Mal, daß Mittwoch und Sonnabend wässrig riechen, und vergaß dabei sich selbst.

Plötzlich versuchte er vergeblich, die Brust von dem schmalen Geländerholz abzuheben; seine Augen rissen ihn immerfort hin, hefteten seinen ganzen Körper fest.

Er hatte nach dem Klingen der Türglocke Marie unbeschwert von ihrer Bürde über die Diele hüpfen sehen.

Er wollte ihr nach; ihm wogte der Atem, als höbe er ihn durch Unermeßlichkeiten, und doch lag die Brust quer und fest auf dem Geländerstreifen.

Eine hohe Stimme, entfesselt durch das ältliche Gebälk heraufspringend, rief: „Heinrich!"

Darauf nichts. Nur daß er sich von dem Geländer los und bewegt fühlte.

Lange Schritte warfen ihren Schatten die Treppe hinab. Heinrich sah sich um und stieß Maria, die an seinem Halse hing, von sich.

Christianus stand erbost über diese Bewegung, deren Roheit ihm erst daran aufging, daß der andre sie ihm vorweggenommen hatte. Maria lag an eine Bank hingeschleudert, und während Christianus betrachtete, wie das schräg einfallende Licht des gelben Dielenfensters sie mit einer eklen Haut überzog und die Schatten der Gitterstäbe, kreuzweis übereinandergelegt, sich ihr aufdrückten, begann ein Krampf sie zu biegen; Kopf, Hals und Brust streckten sich zum Schoß nieder, und ehe sie, von der Welle losgelassen, die Antwort auf einen Blick hilflosen Erschreckens fassen konnte, rollte der Krampf sie zum andern, zum dritten Mal zusammen. Die Männer sahen sich an. Dann traten sie zu ihr, griffen ihr unter die Arme und trugen sie die Treppe hinauf in ihre Kammer.

„Heinrich!" bat sie, als beide sie gelagert und beengender Kleider entledigt hatten.

Heinrich schrie, und erst jetzt bemerkte Christianus, wie mager und verfallen sich Hals und Hände des Schreienden in die Luft streckten; er schrie und entriß sich den weißen Armen, die an ihm aufgingen, und floh. Noch ganz in das peinliche Gefühl dieses Schreies verstrickt, hörte Christianus Marie ermattet sagen: „Niemand!“ und so voll Weinens war ihre Stimme, daß ihm die Tränen unhaltbar entbrachen. Er beugte sich nieder und küßte sie: „Marie!“

„Hilf!“ flog sie auf, „hilf mir! Hole sie! Links aus der Tür, Gasse links, Gasse rechts, erstes, drittes, viertes, ja viertes Haus!“

Er rannte schon eine ganze Weile durch die Räume, ohne Heinrich gefunden zu haben.

Da, an der Tür zum großen Versammlungszimmer, hielt er inne. Auf einer Bank, die in einem Erker halb im Dunkel stand, saß Heinrich — ruhig, selbst auf die eindringenden Worte und hastigen Bestimmungen Christianus’ ohne Bewegung.

Schließlich, als Christianus ratlos schwieg, ließ er den vorgeschobenen Kiefer fallen und sagte: „Wann war es doch, daß wir uns zum letzten Mal sahen, Doktor?“

Christianus blieb nichts übrig, als sich der heimtückischen Vertraulichkeit zu nähern.

„Mein lieber Heinrich,“ sagte er, „du bist zu uns gekommen und zur rechten Zeit. Willst du uns helfen?“

Heinrich beharrte: „Das war auf der Landstraße. Du nahmst dich gut aus als Soldat. Ich hätte wer weiß was für dich getan.“ Und plötzlich, als habe er mit diesen Sätzen nur einen Anlauf gemacht: „Aber jetzt? — was willst du eigentlich von mir? Was wollt ihr alle von mir? Wozu soll ich dienen?“

Christianus schwieg. Er sah den Fragenden mit einem langen, leeren Blick an und wandte sich ab.

„Ich habe da zwei merkwürdige Briefe erhalten,“ sprach Heinrich hinter ihm her. „Der eine von diesen Leuten — wie fremd man ihnen doch geworden ist! —: nun, ich wußte ja, wozu ich kommen sollte. Aber sag einmal selber: meinst du, das sei eine Sache für mich? Du hast den Waffenrock hinter dir gelassen; ich bin darin stecken geblieben, und ich soll urteilen? Du habest einen hohen Auftrag, schreibt man. Davon verstehe ich nichts; was soll ich dazu sagen? Vielleicht dies: bleibe, wie du bist, bleibe, wo du bist, solange es dir gefällt und gut geht. Einmal muß ja das Ende kommen. Und der Ausgang sagt am besten, was der Anfang wert war.“

Christianus warf sich über einem Fuß herum: „Du weißt sehr gut, daß ich nicht bleiben kann, wenn du —"

Er schwieg mit einer Stimme, die er in der Schwebe hielt. Aber während Heinrich wartete, bedachte Christianus, daß es gut sei, Heinrich den Rest erraten zu lassen. Es gibt leisere Mittel, etwas zu sagen, als Worte.

Unter diesem Gedanken her flatterte tiefgeduckt der Schrecken, etwas so frech Überlegenes in sich zu haben: so etwas zu denken.

Heinrich lachte: „Das, — das weiß ich. Und ich weiß auch, daß du mir deshalb den andern Brief hast schreiben lassen. Klug! geschickt! überlegen! Und ich der liebe Heinrich! Aber wenn du durchaus für das Weib einen Mann brauchst — da du es nicht selber sein kannst — warum gehst du nicht zu einem der Alten, am besten zu dem Blinden? Es wird dir nicht schwer fallen. Klug! geschickt! überlegen!"

Christianus hob sich in Empörung auf; da verfing sich sein Hirn in dem Sonderbaren, daß er gerade selbst dies Überlegene in sich bedacht hatte. Er begann, sich vor sich selbst zu fürchten. Was war das, daß er hier stand, unbeweglich in einer Menge von Bewegungen? Da war ein Strudel von Menschen, die ihn alle angingen; da war ein Weib, mit dem er in Berührung gekommen war und das ertrinkend aufquoll; da war ein Mensch, nach dessen Hand er griff und der sich fortwährend von ihm abstieß.

Er sah weithin, und unfähig, sich im Gegenwärtigen zu sammeln, faßte er sich in der Entfernung.

„War ich nicht Soldat wie du und ihr alle? Hielt der Waffenrock meine Rippen nicht genau so steif wie eure? Brach ich nicht wie wir alle auf und in den Garten und faßte an? Und da kam es. Plötzlich war es da. Es war da, und ich durfte den Schlag nicht tun. Es warf mich hin und besprach mich — lähmend, angreifend, beschwichtigend."

Heinrich war aufgestanden. Er schien in den Irrsalen irgendeiner Rührung bewegt zu werden; aber während seine Arme aufgingen, sich nach Christianus' Schultern hinüberzubrücken, schreckten seine Hände vor der Berührung zurück. Er schrie auf:

„Ja! — Es besprach dich — lähmend, angreifend, beschwichtigend: geh hin zu Maria! vertreib dir die Zeit mit ihr! mach Narren! Sag mir doch einmal, wie es aussah, und — mein lieber Christianus — vielleicht hat manch einer damit zu tun gehabt, ohne es ganz so ernst zu nehmen."

„Wie — es — aussah? — Mein Gott!" Er hatte es laut hervorgestoßen, und es hatte doch nur ein Anruf innen sein sollen: mein Gott! nur nichts merken lassen! Das ist ja fürchterlich: er kann sich wirklich nicht entsinnen, wie es möglich gewesen ist, daß er hierher kam. Er erinnert sich dunkel einer

Gestalt und denkt in demselben Atemzug: nur keine Pause machen! reden, reden! damit der andre nicht merkt — Was nicht merkt? denkt er und macht nun doch eine Pause. Daß er selbst gar nicht an solche Dinge glaubt, von denen er eben gesprochen hat; daß es gar keinen Sinn hat, von solchen Dingen vor vernünftigen Menschen zu sprechen; daß er genarrt, vom Höchsten, Heiligsten, was er im Leben erwartete, genarrt ist: „— So etwas gibt es ja gar nicht!"

Das hatte er geschrien. Und gerade, als habe nicht er, sondern der andre es geschrien, faßt ihn eine unausrottbare Wut gegen diesen andern, der da sitzt, durch seine bloße Gegenwart ihn verdrängend, und es schlägt kalt in ihm auf: dieser Mensch darf nicht bleiben; dieser Mensch darf nicht recht behalten; denn — du — hast — doch — recht!

Er richtete sich auf, sank aber mithin zusammen, und von dieser unerwarteten Bewegung zu kurzer Besinnung gebracht, fragte er, die Laute unter zähen kleinen Bläschen bildend, die im Gaumen aufquollen:

„Fühlst du nicht, wie entsetzlich das ist: daß ich hier sitze, daß alles einmal geschehen ist und ich nun in Worte verfalle und mich vergeblich bemühe, aus ihnen herauszukommen und zu fassen, wie das alles geschehen ist?"

Die Schwäche und Verwirrung, mit der dies Mühsame gesagt wurde, machte, daß in Heinrich sich ein Ekel wie vor einer schweißdurchtropften Maske aufspannte.

„Sagst du's selbst, daß du aus Worten nie herauskommst? Laß! laß sie!"

Christianus schrie scharf und lauter als das erste Mal. Er sah, wie die Worte übersprangen, im Hirn des andern festen Fuß faßten, sich umwandten und sich gegen ihn kehrten. Er wollte neue vorschicken.

Sie prallten vor dem wahnsinnigen Schatten, der aufgerichtet war, zum Munde zurück: Heinrich stand vor ihm und reckte, von Hohn gebläht, zwischen dürren Sehnen den Hals: „Geh! geh! Ich nehm dir die Dirne. Und die Brut dazu. Aber geh!"

„Wohin?" fragte Christianus sinnlos.

Heinrich lachte, riß das Rockstück über der linken Brust zurück und schoß mit spitzem Finger in die Mitte der Lache, die vom Halse herab bis unter die Herzgrube das Leinen durchblutet hatte. „Dahin!" sagte er.

Christianus ging in Gedanken nach. Dann stockte er: „Ich darf nicht." Und zitternd unter den Brauen des Feindes — der sich unheimlich aus dem Freund herausverwandelt hatte — suchend: „Warum setzt du mir mit deiner Verlockung zu? Soll ich schwach werden? Soll ich diese Tage und Nächte ausgehalten haben, um in dieser Nacht feige zu werden und umzukehren?"

„Mußt du feige werden, um umzukehren? Mutig, mutig bist du doch damals umgekehrt, als es galt, durch den rechten Glauben in die — Seligkeit — dieser — Tage — und — Nächte zu kommen!"

Christianus' Arme flackerten durch die Luft: „Nicht! nicht! nicht an meinen Glauben!"

Heinrich lächelte: „Wie klug du bist, deinen Glauben vor deine Feigheit zu hängen!"

„Schleichende Kröte du! Krötenschale! Schales Hirn du, das mit seiner Klugheit nur Klugheit begreift! Klügeln, zweifeln, fragen — ich will nicht! Raum will ich dem Glauben geben, Raum dem ungeheißen Aufsteigenden: kein Schatten des Hirns soll das Heilige streifen."

„Es ist das Klügste."

„Ich darf nicht anders."

„Das lügst du dir ein."

„Ich will dir beweisen —"

„Selbst zu beweisen, gibt dir die Absicht und die Feigheit ein."

Christianus wankte. Wieder: diese Worte! Wie sie nur in den Dunstkreis des andern geraten, werden sie schon Verräter, tragen die Farbe des andern, richten sich gegen den, der sie ausschickt, starr, bajonettfrech. Er muß hinüber! diesen schurkischen Worten Richtung weisen, nachhelfen!

Er bog sich vor, streckte die Hand aus.

Der Hals, den er umkrampfte, erhob sich. Er schwang die Hand mitsamt der Schwere, die über ihr hing, durch die Luft abwärts in die Ecke zwischen Fußboden und Wand.

Es war ihm nicht, als ob er etwas Tatsächliches täte: er führte einen Beweis; jeder Schlag war ein Argument; die Argumente waren unabweisbar.

Sonderbar kam es ihn an, daß geschrien wurde. Der im Begriff war, ermordet zu werden, schrie nicht; er stöhnte. Aber es waren Schreie da; Schreie, die von Wand zu Wand wankten, Schreie, die aus allen Ecken zurückschreckten, Schreie, die durch die Decke brachen: ja: die Decke war durchbrochen von Schreien.

Als er die Haut seiner innern Handfläche kalt werden fühlte, — ein Zeichen, daß das, was er gewollt hatte, beendet war — hörte er auf zu schlagen, und im selben Augenblick gingen die Schreie ein.

Es war still. Es war Zeit zum Nachdenken. Er stand neben dem Toten, und alles um ihn herum war ganz nachdenklich geworden.

So weit kann es ein Mensch bringen. Man kann seinen Gegner von der Wahrheit überzeugen; am besten überzeugt man ihn, indem man ihn totschlägt und die Wahrheit allein glaubt. Es ist traurig, allein zu glauben. Aber weiter kann es ein Mensch nicht bringen.

Er wandte sich ab und zum Fenster, öffnete es, kam zurück und stellte sich wieder neben den Toten.

Was war das? Mit Grauen ging ihm auf, daß der Tote ihm mehr zu beweisen begann, als er dem Lebenden hatte beweisen können. Der — Tote — hatte — doch — recht!

Unbeherrschbar wuchs das Ungeheure auf. Es drängte seine Füße beiseite und weiter: er mußte gehen. Aus dem lautlosen Luftkreis hatte er die Antwort herausgeschlagen. Es war entschieden; sein Glaube hatte ihn betrogen. Warum war ihm das geschehen?

Er brach weinend neben dem Toten zusammen und lag lange bis zum frühen Morgen.

Dann stand er auf, hob sich durch die Tür und über kleine Stiegen zu der Kammer hinauf, aus der — wie ihm jetzt deutlich war — die Schreie gerufen hatten.

Er lehnte sich in die offne Tür und sah hin.

Über leblos gestreckten, steif eingefallenen Falten, die sich inmitten des Bettes über gewundenen, im Sterben stehengebliebenen Knien zu einem fürchterlichen Wirbel emporzogen, saß ein weißes Kind mit weitgeöffneten Augen.

Der Schmerz, diese Augen auf sich gerichtet zu sehen, war unhaltbar. Er näherte sich, wuchs auf das Unendliche zu; der Atem verging ihm im Auf und Nieder der Tränen. Während er sich bewegte, fühlte er, wie ihm die Stimme versagte: er hatte geredet.

Es tat ihm weh, den Schwung der Decken — der ihm wie eine Weihe war — zu zerstören; aber er öffnete das Bett, legte das Kind beiseite, umhüllte die lebendige Wärme und breitete über den kalten Mutterleib das Leinen; versah so seine ganze Barschaft.

Als es getan war, wandte er sich ab und ging die Treppe abwärts über Gänge, in denen schon das Tageslicht aufkeimte, hinaus auf die Straße — die Tür verschließen? Sie soll offen bleiben! Es soll alles offen bleiben! Die Fenster, die Türen, weit offen: damit die Menschen kommen. Die Menschen sollen kommen und sich an dem Kinde versuchen: auch an dem Kinde.

Die weite Heerstraße verging in einem Himmel voll Licht. Weißüberglänzte Vögel sprangen den Weg voran über Bäume von Ast zu Ast; wo er ging, sangen sie.

Sie sangen noch vor der Holzbaude, unter deren Dach er sich ermüdet setzte. Er streckte den Fuß aus und wartete, bis einer der Vögel kam und sich darauf niederließ. Er sang; er neigte den Kopf und lauschte.

Wie schön war es, daß er sang! Auch, daß ein Mensch auf ihn zukam, um mit ihm zu lauschen: wie schön war das! Er brauchte sich durch die Schritte des Nächsten nicht stören zu lassen: er hielt den Kopf geneigt und horchte.

Er möge sich beim General melden; sein Gesuch sei genehmigt; er möge kommen.

Da fiel ihm ein, daß er gebeten hatte, man möge ihn beim nächsten Sturm vor den Feind schicken.

Ein Sturm war für den Morgen des nächsten Tages angesetzt. Christianus wurde eingereiht.

Die Nacht verbrachte er bis zum Morgengrauen in heftigen Erschütterungen unter Anrufung eines Namens.

Als man zum Angriff aufsprang, war er der erste, der den feindlichen Graben erreichte, von mehreren Kugeln durchbohrt, hineindrang und den nachfolgenden Kameraden den Weg bahnte.

Außer ihm war niemand getroffen; man konnte sich sogleich um ihn bemühen.

Aber während man das Blut, das aus seinen vielen Wunden pulste, zu stillen versuchte, richtete er sich auf, breitete die Arme rückwärts gegen die Grabenwand und zitterte einem Gesicht entgegen.

Eine weiße Gestalt war hervorgetreten, hatte ihm die Hände gereicht und gesprochen:

„Gib mir deine Hand; ich will aus dem Licht mit dir in die Finsternis scheiden. Gib mir deine Hand; ich will dich führen. Gib mir deine Hand; ich will."

Als strömten die breithin über die Erde gelagerten Lichtringe auseinander und aufwärts und ergösse sich, von allen Seiten her mündend, Erleuchtung in ihn, läßt er, was über ihm ist, aufschwimmen, läßt die Hände unanhänglich schwinden, gibt die Glieder unendlicher Erweiterung hin. Nach und nach tut es ihm wohl, dies und jenes zu vergessen. Er sieht nur hin, wie ihn die weiße Gestalt hält.

Er ist zufrieden: es ist deutlich genug.

Wie die letzte hohe Befriedigung über ihn kommt, glaubt er, auch dies letzte vergessen zu können: daß sein letzter Ruf oben im Licht gewesen ist: „Für der Maria Kind!“

9 789356 902961

Printed at Repro India Ltd.